GUEST NAME

_____

MESSAGE

_____

_____

_____

OUR BEST MEMORY

_____

_____

_____

GUEST NAME

_____

MESSAGE

_____

_____

_____

OUR BEST MEMORY

_____

_____

_____

GUEST NAME

_____

MESSAGE

_____

_____

_____

OUR BEST MEMORY

_____

_____

_____

GUEST NAME

_____

MESSAGE

_____

_____

_____

OUR BEST MEMORY

_____

_____

_____

_____

GUEST NAME

_____

MESSAGE

_____

_____

_____

_____

OUR BEST MEMORY

_____

_____

_____

_____

GUEST NAME

_____

MESSAGE

_____

_____

_____

OUR BEST MEMORY

_____

_____

_____

_____

GUEST NAME

_____

MESSAGE

_____

_____

_____

_____

OUR BEST MEMORY

_____

_____

_____

_____

GUEST NAME

_____

MESSAGE

_____

_____

_____

OUR BEST MEMORY

_____

_____

_____

_____

GUEST NAME

MESSAGE

OUR BEST MEMORY

GUEST NAME

_____

MESSAGE

_____

_____

_____

OUR BEST MEMORY

_____

_____

_____

GUEST NAME

_____

MESSAGE

_____

_____

_____

OUR BEST MEMORY

_____

_____

_____

GUEST NAME

_____

MESSAGE

_____

_____

_____

OUR BEST MEMORY

_____

_____

_____

GUEST NAME

_____

MESSAGE

_____

_____

_____

OUR BEST MEMORY

_____

_____

_____

GUEST NAME

_____

MESSAGE

_____

_____

_____

OUR BEST MEMORY

_____

_____

_____

GUEST NAME

_____

MESSAGE

_____

_____

_____

OUR BEST MEMORY

_____

_____

_____

GUEST NAME

_____

MESSAGE

_____

_____

_____

OUR BEST MEMORY

_____

_____

_____

_____

GUEST NAME

_____

MESSAGE

_____

_____

_____

OUR BEST MEMORY

_____

_____

_____

GUEST NAME

_____

MESSAGE

_____

_____

_____

OUR BEST MEMORY

_____

_____

_____

_____

GUEST NAME

_____

MESSAGE

_____

_____

_____

_____

OUR BEST MEMORY

_____

_____

_____

_____

GUEST NAME

_____

MESSAGE

_____

_____

_____

_____

OUR BEST MEMORY

_____

_____

_____

_____

GUEST NAME

_____

MESSAGE

_____

_____

_____

_____

OUR BEST MEMORY

_____

_____

_____

_____

GUEST NAME

_____

MESSAGE

_____

_____

_____

OUR BEST MEMORY

_____

_____

_____

_____

GUEST NAME

_____

MESSAGE

_____

_____

_____

OUR BEST MEMORY

_____

_____

_____

GUEST NAME

_____

MESSAGE

_____

_____

_____

OUR BEST MEMORY

_____

_____

_____

GUEST NAME

_____

MESSAGE

_____

_____

_____

OUR BEST MEMORY

_____

_____

_____

GUEST NAME

_____

MESSAGE

_____

_____

_____

OUR BEST MEMORY

_____

_____

_____

_____

GUEST NAME

_____

MESSAGE

_____

_____

_____

OUR BEST MEMORY

_____

_____

_____

GUEST NAME

_____

MESSAGE

_____

_____

_____

OUR BEST MEMORY

_____

_____

_____

GUEST NAME

_____

MESSAGE

_____

_____

_____

_____

OUR BEST MEMORY

_____

_____

_____

_____

GUEST NAME

_____

MESSAGE

_____

_____

_____

OUR BEST MEMORY

_____

_____

_____

GUEST NAME

_____

MESSAGE

_____

_____

_____

OUR BEST MEMORY

_____

_____

_____

GUEST NAME

MESSAGE

OUR BEST MEMORY

GUEST NAME

_____

MESSAGE

_____

_____

_____

OUR BEST MEMORY

_____

_____

_____

GUEST NAME

_____

MESSAGE

_____

_____

_____

OUR BEST MEMORY

_____

_____

_____

_____

GUEST NAME

_____

MESSAGE

_____

_____

_____

_____

OUR BEST MEMORY

_____

_____

_____

_____

GUEST NAME

_____

MESSAGE

_____

_____

_____

_____

OUR BEST MEMORY

_____

_____

_____

_____

GUEST NAME

_____

MESSAGE

_____

_____

_____

_____

OUR BEST MEMORY

_____

_____

_____

_____

GUEST NAME

_____

MESSAGE

_____

_____

_____

_____

OUR BEST MEMORY

_____

_____

_____

_____

GUEST NAME

_____

MESSAGE

_____

_____

_____

OUR BEST MEMORY

_____

_____

_____

GUEST NAME

_____

MESSAGE

_____

_____

_____

OUR BEST MEMORY

_____

_____

_____

_____

GUEST NAME

_____

MESSAGE

_____

_____

_____

_____

OUR BEST MEMORY

_____

_____

_____

_____

GUEST NAME

_____

MESSAGE

_____

_____

_____

OUR BEST MEMORY

_____

_____

_____

GUEST NAME

_____

MESSAGE

_____

_____

_____

OUR BEST MEMORY

_____

_____

_____

GUEST NAME

_____

MESSAGE

_____

_____

_____

OUR BEST MEMORY

_____

_____

_____

GUEST NAME

_____

MESSAGE

_____

_____

_____

_____

OUR BEST MEMORY

_____

_____

_____

_____

GUEST NAME

_____

MESSAGE

_____

_____

_____

OUR BEST MEMORY

_____

_____

_____

GUEST NAME

_____

MESSAGE

_____

_____

_____

OUR BEST MEMORY

_____

_____

_____

GUEST NAME

_____

MESSAGE

_____

_____

_____

OUR BEST MEMORY

_____

_____

_____

_____

GUEST NAME

_____

MESSAGE

_____

_____

_____

OUR BEST MEMORY

_____

_____

_____

_____

GUEST NAME

_____

MESSAGE

_____

_____

_____

_____

OUR BEST MEMORY

_____

_____

_____

_____

GUEST NAME

_____

MESSAGE

_____

_____

_____

_____

OUR BEST MEMORY

_____

_____

_____

_____

GUEST NAME

_____

MESSAGE

_____

_____

_____

_____

OUR BEST MEMORY

_____

_____

_____

_____

GUEST NAME

MESSAGE

OUR BEST MEMORY

GUEST NAME

_____

MESSAGE

_____

_____

_____

OUR BEST MEMORY

_____

_____

_____

_____

GUEST NAME

_____

MESSAGE

_____

_____

_____

_____

OUR BEST MEMORY

_____

_____

_____

_____

GUEST NAME

_____

MESSAGE

_____

_____

_____

OUR BEST MEMORY

_____

_____

_____

_____

GUEST NAME

_____

MESSAGE

_____

_____

_____

_____

OUR BEST MEMORY

_____

_____

_____

_____

GUEST NAME

_____

MESSAGE

_____

_____

_____

_____

OUR BEST MEMORY

_____

_____

_____

_____

GUEST NAME

_____

MESSAGE

_____

_____

_____

_____

OUR BEST MEMORY

_____

_____

_____

_____

GUEST NAME

_____

MESSAGE

_____

_____

_____

_____

OUR BEST MEMORY

_____

_____

_____

_____

GUEST NAME

_____

MESSAGE

_____

_____

_____

_____

OUR BEST MEMORY

_____

_____

_____

_____

GUEST NAME

_____

MESSAGE

_____

_____

_____

OUR BEST MEMORY

_____

_____

_____

_____

GUEST NAME

_____

MESSAGE

_____

_____

_____

OUR BEST MEMORY

_____

_____

_____

GUEST NAME

_____

MESSAGE

_____

_____

_____

_____

OUR BEST MEMORY

_____

_____

_____

_____

GUEST NAME

_____

MESSAGE

_____

_____

_____

_____

OUR BEST MEMORY

_____

_____

_____

_____

GUEST NAME

_____

MESSAGE

_____

_____

_____

OUR BEST MEMORY

_____

_____

_____

_____

GUEST NAME

MESSAGE

OUR BEST MEMORY

GUEST NAME

_____

MESSAGE

_____

_____

_____

_____

OUR BEST MEMORY

_____

_____

_____

_____

GUEST NAME

MESSAGE

OUR BEST MEMORY

GUEST NAME

_____

MESSAGE

_____

_____

_____

OUR BEST MEMORY

_____

_____

_____

_____

GUEST NAME

_____

MESSAGE

_____

_____

_____

OUR BEST MEMORY

_____

_____

_____

GUEST NAME

_____

MESSAGE

_____

_____

_____

OUR BEST MEMORY

_____

_____

_____

GUEST NAME

_____

MESSAGE

_____

_____

_____

_____

OUR BEST MEMORY

_____

_____

_____

_____

GUEST NAME

_____

MESSAGE

_____

_____

_____

_____

OUR BEST MEMORY

_____

_____

_____

_____

GUEST NAME

_____

MESSAGE

_____

_____

_____

OUR BEST MEMORY

_____

_____

_____

GUEST NAME

_____

MESSAGE

_____

_____

_____

OUR BEST MEMORY

_____

_____

_____

_____

GUEST NAME

_____

MESSAGE

_____

_____

_____

OUR BEST MEMORY

_____

_____

_____

GUEST NAME

_____

MESSAGE

_____

_____

_____

OUR BEST MEMORY

_____

_____

_____

_____

GUEST NAME

_____

MESSAGE

_____

_____

_____

_____

OUR BEST MEMORY

_____

_____

_____

_____

GUEST NAME

_____

MESSAGE

_____

_____

_____

_____

OUR BEST MEMORY

_____

_____

_____

_____

GUEST NAME

_____

MESSAGE

_____

_____

_____

_____

OUR BEST MEMORY

_____

_____

_____

_____

GUEST NAME

_____

MESSAGE

_____

_____

_____

OUR BEST MEMORY

_____

_____

_____

_____

GUEST NAME

_____

MESSAGE

_____

_____

_____

_____

OUR BEST MEMORY

_____

_____

_____

_____

GUEST NAME

_____

MESSAGE

_____

_____

_____

_____

OUR BEST MEMORY

_____

_____

_____

_____

GUEST NAME

_____

MESSAGE

_____

_____

_____

OUR BEST MEMORY

_____

_____

_____

GUEST NAME

_____

MESSAGE

_____

_____

_____

OUR BEST MEMORY

_____

_____

_____

_____

GUEST NAME

_____

MESSAGE

_____

_____

_____

OUR BEST MEMORY

_____

_____

_____

_____

GUEST NAME

_____

MESSAGE

_____

_____

_____

_____

OUR BEST MEMORY

_____

_____

_____

_____

GUEST NAME

_____

MESSAGE

_____

_____

_____

OUR BEST MEMORY

_____

_____

_____

_____

GUEST NAME

_____

MESSAGE

_____

_____

_____

OUR BEST MEMORY

_____

_____

_____

_____

GUEST NAME

_____

MESSAGE

_____

_____

_____

OUR BEST MEMORY

_____

_____

_____

_____

GUEST NAME

_____

MESSAGE

_____

_____

_____

OUR BEST MEMORY

_____

_____

_____

_____

GUEST NAME

_____

MESSAGE

_____

_____

_____

OUR BEST MEMORY

_____

_____

_____

GUEST NAME

_____

MESSAGE

_____

_____

_____

OUR BEST MEMORY

_____

_____

_____

_____

GUEST NAME

_____

MESSAGE

_____

_____

_____

_____

OUR BEST MEMORY

_____

_____

_____

_____

GUEST NAME

_____

MESSAGE

_____

_____

_____

_____

OUR BEST MEMORY

_____

_____

_____

_____

GUEST NAME

_____

MESSAGE

_____

_____

_____

OUR BEST MEMORY

_____

_____

_____

GUEST NAME

_____

MESSAGE

_____

_____

_____

_____

OUR BEST MEMORY

_____

_____

_____

_____

GUEST NAME

_____

MESSAGE

_____

_____

_____

_____

OUR BEST MEMORY

_____

_____

_____

_____

GUEST NAME

_____

MESSAGE

_____

_____

_____

OUR BEST MEMORY

_____

_____

_____

GUEST NAME

_____

MESSAGE

_____

_____

_____

OUR BEST MEMORY

_____

_____

_____

_____

GUEST NAME

_____

MESSAGE

_____

_____

_____

_____

OUR BEST MEMORY

_____

_____

_____

_____

GUEST NAME

_____

MESSAGE

_____

_____

_____

_____

OUR BEST MEMORY

_____

_____

_____

_____

GUEST NAME

_____

MESSAGE

_____

_____

_____

OUR BEST MEMORY

_____

_____

_____

GUEST NAME

_____

MESSAGE

_____

_____

_____

OUR BEST MEMORY

_____

_____

_____

GUEST NAME

_____

MESSAGE

_____

_____

_____

OUR BEST MEMORY

_____

_____

_____

_____

GUEST NAME

_____

MESSAGE

_____

_____

_____

_____

OUR BEST MEMORY

_____

_____

_____

_____

GUEST NAME

_____

MESSAGE

_____

_____

_____

_____

OUR BEST MEMORY

_____

_____

_____

_____

GUEST NAME

_____

MESSAGE

_____

_____

_____

_____

OUR BEST MEMORY

_____

_____

_____

_____

GUEST NAME

_____

MESSAGE

_____

_____

_____

_____

OUR BEST MEMORY

_____

_____

_____

_____

GUEST NAME

_____

MESSAGE

_____

_____

_____

_____

OUR BEST MEMORY

_____

_____

_____

_____

GUEST NAME

_____

MESSAGE

_____

_____

_____

_____

OUR BEST MEMORY

_____

_____

_____

_____

GUEST NAME

_____

MESSAGE

_____

_____

_____

OUR BEST MEMORY

_____

_____

_____

_____

GUEST NAME

_____

MESSAGE

_____

_____

_____

_____

OUR BEST MEMORY

_____

_____

_____

_____

GUEST NAME

_____

MESSAGE

_____

_____

_____

_____

OUR BEST MEMORY

_____

_____

_____

_____

GUEST NAME

_____

MESSAGE

_____

_____

_____

OUR BEST MEMORY

_____

_____

_____

_____

GUEST NAME

_____

MESSAGE

_____

_____

_____

_____

OUR BEST MEMORY

_____

_____

_____

_____

GUEST NAME

_____

MESSAGE

_____

_____

_____

OUR BEST MEMORY

_____

_____

_____

_____

GUEST NAME

_____

MESSAGE

_____

_____

_____

_____

OUR BEST MEMORY

_____

_____

_____

_____

GUEST NAME

_____

MESSAGE

_____

_____

_____

_____

OUR BEST MEMORY

_____

_____

_____

_____

Printed in Great Britain
by Amazon

20161113R00072